Marion Jana Goeritz

Für Dich

Bibliografische Information der Deutschen Nationalbibliothek:

Die Deutsche Nationalbibliothek verzeichnet diese Publikation in der Deutschen Nationalbibliografie; detaillierte bibliografische Daten sind im Internet über http://dnb.dnb.de abrufbar.

© 2016 Marion Jana Goeritz

Coverbild: Marion Jana Goeritz

Herstellung und Verlag: BoD – Books on Demand, Norderstedt

ISBN: 978-3-7412-4018-8

Herzlich Willkommen liebe Leser,

das innere Kind hat ein Herz voller Träume. Seine Seele in Liebe.

Was wenn es die Liebe nicht geschenkt bekommt, die es sich so ersehnt?

Alles Erfahrene im Leben wird geprüft.

Doch alles Erfahrene ist vergessen, wenn es die eine Liebe gibt, die dieses Kind so fordert. Ein neuer Lernprozess wird eröffnet.

Bevor man ein Gefühl der Ohnmacht zulässt, dann doch lieber ein Wort.

Und doch ist es Liebe.

Dieses Gefühl und nur dieses, wünsche ich ihnen allen von Herzen.

Herzlichst

Marion Jana Goeritz

Manchmal
in den Nächten ohne Licht
erinnere ich mich
Tränen kämpfen in den Kanälen
ich sehe mich
in einer Gondel übers Wasser fahren
wünschte
du wärst nicht der Gondoliere
denn er sieht nur nach vorn
egal wie ich sitze

Fallende Träume
manchmal
sterben sie bunt
es schmerzt bis in die Seele
manchmal
gehen sie in schwarz weiß von uns
dann ist es leichter
sie ziehen zu lassen
manchmal
tritt ein Mensch in unser Leben
der sie für uns aufbewahrt
und wenn die Zeit gekommen ist
sie uns schenkt
dann ist das Zimmer voller Träume
wie bunte Luftballons
und keiner von ihnen v
erlässt ungefragt das Zimmer

nur wenn wir mit ihnen gehen

bis wir sie erleben dürfen

Halleluja

Manchmal fühle ich dich
wie ein Eisberg
im Liebesmeer
manchmal fühle ich dich
wie Glutheiße Magma
auf verbrannter Erde
du spiegelst mich

Du steigst in meine Seele

bis hinunter zum Licht

da sitzt du auch

an dunklen Tagen

doch da kommst hinauf und sprichst

ich liebe dich

Zeit die nicht vergeht
macht mein Herz so schwer
Gefühle wohnen in mir
sie sehnen sich nach Zärtlichkeit
doch die Zeit dreht nicht an der Uhr
ich fühle Leere
Träume
zerflattern im Wind des Wartens
dabei liebe ich dich so sehr

Meine Hoffnung
noch immer lebt sie in mir
tief in meiner Seele
kann ich nicht weitergehen
sie lässt mich nicht in Ruhe leben
schreit nach deiner Liebe

Kein Tag vergeht
an dem ich nicht an ich denken muss
kein Wort
spreche ich aus
bei dem ich dich nicht fühle
mein Weg
ohne dich schwer
doch du scheinst immer noch
unberührt davon zu sein
Herzen finden sich wohl nicht mehr

Du hast mich gehalten

geliebt

du hast mich gewollt

vergessen

meine Seele weinte

und versuchte dasselbe

alles noch da

vergessen

ist so schwer

Ohne dich
ist alles anders
ohne dich
ist alles nichts
ohne dich
ist alles nicht einfach
der Regen in meiner Seele
er füllt mein leeres Herz
ertrinkt
und du schaust zu

Am Tag halte ich mich fest
an den Anderen
denke ab und an
an dich
sage kein Wort
denke an unsere Stunden
doch nachts liege ich wach
und finde nicht in meinen Schlaf
denke an den unseren
und bekomme die Bilder
nicht mehr aus meinem Kopf

Es gab keine Worte
für das was ich für dich fühlte
ich liebe dich
das war zu schwach
für dieses Gefühl in mir
und heute
das „ich hasse dich"
es gibt Kraft
doch tu ich das
nein
ich liebe dich

Deine Augen
ein Gefühl von Stärke
Kraft kam in meine Seele
Liebe erwachte
ganz tief in mir
begann zu atmen
mein Herz entsprang dem Dunkel
alles vergebens
Gefühle lagen brach
im Anderen
war kein Licht

Schattenwelt brach entzwei
als ich dich fand
mein Herz das weinte
trug nicht mehr schwer
doch du gabst dein Gefühl nicht frei
und meine Schattenwelt
sie wuchs wieder zusammen
wolltest du das

Wie ein Liebesbrief
so fühle ich an manchen Tagen
deine Gefühle
doch du warst verhindert
mich zu besuchen
Schmerz in meinem Herzen
drückte tief in meine Seele
Visionen hatte ich vertraut
Leben wurde umgekehrt
meine Gefühle blieben aus
Angst
fraß meine Hoffnung auf
dabei war ich dir so nah

Seelen erinnerten sich
an vergangene Leben
begannen sich zu lieben
war es verkehrt
ich lebte mit dir
heute trennen uns Welten
noch immer denke ich daran
wie wir uns sehnten
nach dem alten Leben

Haben uns verschenkt
manchmal
gehalten im Arm
so eine tiefe Liebe
war für uns bestimmt
Herzen atmeten das erste Mal
trugen ihren Schmerz zum Anderen
haben sich gefunden
um zu erfahren
das wir doch lieben können
doch
was haben wir daraus gemacht
ich liege allein und bin wach
von dir weiß ich es nicht

Manchmal
redete ich mir ein
er wird sich schon melden
Gefühle viel zu groß
um sie zu vergraben
doch keine Zeile erreichte mich
und wieder dachte ich
vielleicht
hat er genug zu tun
dabei fühlte ich es längst
er wollte nicht
hatte eine andere vor Augen
doch die war ich nun mal nicht
und würde sie nie sein
manchmal
redete ich mir
er wird noch erkennen

das auch ich es wert wäre
geliebt zu werden
doch nichts von ihm erreichte mich
nur immer mal wieder ein Gefühl
das mir wohl sagen wollte
ich bin nicht der
den du lieben möchtest
habe meine Schatten
noch nicht erkannt
mich noch nicht geliebt
doch seine Sehnsucht
sie erreichte mich
wie lange hielt ich das nur aus

Meine Sehnsucht
lebte durch dich
legte sich in ihren Kummer
doch schlief nicht ein
weinte in die offenen Hände
doch blieb sie allein
meine Sehnsucht
sie starb durch dich
legte sich in mein Herz
und kam zur Ruhe
meine Hände
offen für mich
ich blieb nicht allein

Ein einziger Tag nur
kann im Leben alles sein
er lässt dich trinken
aus dem Becher der Liebe
er kann dir ein Geschenk machen
das du immer bei dir trägst

So geliebt
wie noch nie im Leben
so voller Sehnsucht
wie noch nie zu vor
und doch wohl alles verloren
weil die Stimme
von Lüge erzählte

In der Wüste
warst du mein Wasser
im Dschungel meiner Gefühle
die Liane
in der Steppe
warst du mein Baum
den es sonst da gar nicht gibt
du hast mich gehalten
an trüben Tagen
ich war dein Lebenselixier
deine Retterin in der Not
du hättest mir doch alles geschworen
so lang ich bereit war
dich nicht zu vergessen
doch es tat zu weh

Ich will nur noch
das meine Gedanken
die Gewinner sind
Gefühle
haben keinen Platz mehr
in meinem Leben
du trägst die Schuld
dabei fehlst du mir so sehr

Es gibt kein Lied
das ich singe
ohne an dich zu denken
es gibt keine Minute
die vergeht
in der ich mich nach dir sehne
es gibt keinen Tag
der mich erreicht
den ich ohne dich
verbringen möchte
weil ich dich immer noch liebe

Grenzenlos
schien die Liebe in mir
doch du brachtest mich
an die meinen
ließt mich holen
meine Gefühle
hattest du eingefangen
wie ein Schmetterling
flattertest du durch die Zeit
deine bunten Flügel
berührten die Blüten
meiner Hoffnung
doch sie überlebten nicht

Meine Angst
war viel zu groß
um deiner Liebe zu begegnen
noch nie hatte ich so gefühlt
wie für dich
noch nie fühlte ich mich so geborgen
wie in deinem Gefühl
war es Lüge

Meine Flügel
trugen mich weg
hinaus in ein Gefühl
das ich nicht kannte
neugierig
erkundete ich es
fühlte nicht die Gefahr
plötzlich
geschah es
die Liebe in mir
war wach geküsst
konnte nicht vergessen
viel zu wenig
nur ein Gefühl

So weit entfernt

von allem

was nicht mehr sein sollte

so weit entfernt

vom Glücklichsein

dabei

waren wir uns doch so nah

Unsere Seelen
Freigänger
bis tief in die Nacht
manchmal
bis zum Morgen
suchten den Anderen
sein Gefühl
schmiegten sich
im Dunkel aneinander
Seelenhaut berührte sich
und ich fühlte mich
wie nie zuvor

Ich wusste nicht
wie es sein kann
zu sterben
dieser Schmerz
ein Gefühl ohne Wiederkehr
auch wenn dein Gefühl zu gegen war
gestorben war ich allein

Noch nie
war ich in diesem Gefühl
so gefangen
noch nie
war ich in diesem Gefühl
so nah
noch nie
wie bei dir
du hast dich schuldig gemacht
hast mein Herz nicht gefragt
hast dich einfach fallen lassen
den anderen verdrängt
bist in den Nächten
neben mir eingeschlafen
am Morgen
zogst du mir die Decke weg
und sah ich in den Spiegel

sah ich nur noch dich
was hast du mit mir gemacht

Hellwach
durch die Straßen
Augenpaare
leuchten wie Straßenlaternen
nur ich
leuchte allein

Ich sterbe wohl immer noch
fühle ich die Erinnerung
Bilder die nicht ins Leben kamen
laufen mir noch nach
Seele erzählte mir so viel
ich glaubte an ein Spiel
und habe verloren

Meine Träume

manchmal

waren sie eingefroren

im Schnee schliefen sie

bis sie in der Sonne schmolzen

dein Gefühl

hat sie wieder neu geboren

doch ohne dich

macht es keinen Sinn

Fühlte deinen Schmerz

fühlte deine Angst

war da und doch warst du allein

du wolltest es so

ich verstand nicht

ich verstehe nicht

Auf meiner Haut
habe ich dich gespürt
in meiner Seele
warst du eingezogen
mein Herz
hast du aufgebrochen
ich schaute zu
fühlte zu spät
Liebe
ein neues Gefühl

Schließe ich meine Augen
sehe ich dich
mit den Sternen fliegen
bis hinter den Mond
ich habe Schuld

Redest du
fühle ich Lügen
schweigst du
fehlen sie mir
ich kann es mir nicht erklären
und du
was fühlst du
wenn ich rede
und was fühlt du
wenn ich schweige
sind wir wie zwei Magneten
in einer Umlaufbahn
es wäre fürchterlich

Du bist

wie ein Tag

hell wie das Sonnenlicht

du bist

wie eine Nacht

du leuchtest wie ein Stern

du bist

wie der Wind

du schiebst meine Sorgen einfach weg

du bist

wie ein Kind

neugierig und schön

du bist

wie ein Traum

bunt und kreativ

wenn vielleicht

auch die Anderen keine Augen haben

für mich bist du das alles und noch
viel mehr

ich liebe dich

Sterne

leuchten durch die Sonne

mein Herz

es lachte durch dich

meine Seele

sie liebte durch dich

meine Ängste gestorben

durch deine Liebe

und ich bin endlich ich

weiß um die Liebe

singe mit dem Wind

und springe durch die Pfützen

die einst die einsamen Nächten

hinterlassen hatten

ich danke dir

Fremder Mann

der mir immer noch so nah

wie mir keiner sonst war

ich liebe dich

Du hattest mich gefunden

als die Nächte zu dunkel waren

schenktest meiner Seele

Sonnenlicht

dein Gefühl so tief

unbeschreiblich

Seelenwohnung
gefüllt mit Liebe
Bilder an der Wand
erinnern an eine Zeit
der Einsamkeit
damit wir nie vergessen

Wie ein Tränenfänger
warst du für mich in der Nacht
hülltest dich in Schweigen
dein Gefühl hatte mich bewacht
so schlief ich nicht einsam ein
meine Gedanken
haben mir Angst gemacht
mein Gefühl Liebe

Groß wie die Welt
ist mein Gefühl für dich
denke ich an dich
tief wie ein Ozean
ist mein Gefühl für dich
fühle ich dich
rein wie weiße Rosenblüten
ist mein Gefühl für dich
bist du mir nah
stark wie ein Wasserfall
ist mein Gefühl für dich
das immer da sein wird
rot wie die Liebe
ist mein Gefühl für dich
so stark und ohne Gleichen

Hoffnung wird geboren
sind Umwege ausgeschlossen
Irrwege unsichtbar
wir sehen uns in Liebe

Wenn dein Herz erzählt
fällt meine Seele ihre Ängste
und ich fühle mich
für immer
möchte ich dich bei mir haben

Habe es versucht
diese große Liebe zu vergessen
habe es versucht
diese große Liebe zu löschen
habe es versucht
diese große Liebe
nicht in mein Leben zu lassen
habe es versucht
mir einzureden sie wäre gar nicht da
habe es versucht
nicht zu fühlen
doch mein Herz
hat da nicht mitgemacht

Mein Leben
lässt dich wohl nicht mehr gehen
manchmal
fühlte ich diese Angst
die mich aufrieb
meine Seele
war bereit
nur ich
hing hinterher
jetzt
ist es umgekehrt

Auf meinem Weg
fand mich ein Gefühl
es gehört dir
legte sich zu mir
hat mich zum Lachen gebracht
mir Liebe geschenkt
war ich viel zu kalt
darum brauchte es Zeit
deine Blicke erwärmten mich
für dein Gefühl
das zu mir gehört
für immer

Laufe ich durch die Menge
strande ich nicht mehr
empfange Blicke
doch sehne mich nur nach dir
möchte dir so viel sagen
habe so viele Fragen an dich
laufe ich durch die Menge
finde ich dich nicht
denn du wohnst bereits in mir

Alles Schwere ist leicht
wärst du bei mir
Kraft entspringt meiner Seele
malt Pflastersteine
bunt mit Sonnen an
Liebe
kennt doch kein Alter

Mal so mal so
kommt darauf an
ob du mich fühlst
oder lieber allein sein willst
ich sterbe immer wieder
hast du keine Zeit für mich eingeteilt
möchte dich fühlen
deinen Herzschlag spüren
mit dir erzählen
in deine Augen sehen
deine Stimme hören
mein Blut es kocht über
lässt du mich allein zurück
mein Herz zerbricht
hast du dich anders entschieden
meine Träume
wären nicht mehr die gleichen

Hast mein Herz in Brand gesetzt
meine Seele berührt
alte Träume verbannt
neue gebären lassen
das hat vor dir
noch keiner geschafft

Meine Worte
lässt du sie zu Bildern werden
schließt du dein Herz auf
das sie dich berühren können
sterben deine Ängste
sprechen diese Bilder mit dir

Herz zerrissen

Tränen tropfen auf das Kissen

fallen leise

auch laut

deine Stimme

noch so vertraut

erzählt in mir

von Erinnerung

Wenn man der Worte drei
ausspricht
und das Herz es fühlt
ist es wohl Liebe
und klingen sie in einem wider
ist es wohl Lüge
wenn man der Worte drei
gesagt bekommt
und das Herz fühlt es nicht
ist es wohl Liebe
und klingen sie im Anderen wider
ist es wohl Lüge
wenn man der Worte drei
ausspricht
und fühlen lässt
ist es wohl Liebe
und hallen sie nicht wider

ist es vielleicht
Liebe
vertraute deinem Gefühl
deiner Stimme
in meiner Seele
wollte immer mehr
doch dazu bereit
warst nicht du
warum diese Gesagte
warum diese Gefühle
Wunden rissen auf
alt und nicht gesunden
und heute
ist es so wie einst
die Lüge überlebt nicht

Habe ich schon zu viel gewagt
Gefühle rissen Herz in Flammen
Geduld lies erkalten
was ich einst fühlte auf meiner Haut
Erinnerung lebt auf
doch sehe ich dein Bild
schäme ich mich
doch wo für
sind Gefühle echt
gibt es keinen Grund dafür

Seelenfund im flachen Gewässer

nahm mich mit in die Tiefen des Ozeans

um mich Liebe pur

lies mich eintauchen ins Licht

es gibt kein zurück

Stell dich den Fragen
deines Herzens
geh jeden Schritt
mit ihm mit
frage dich nicht
wohin es dich führt
fühle nur
in Leichtigkeit
deinen Weg
er führt dich weg
von allem dem was schmerzte
irgendwann wirst du auch verstehen

Ohne es einmal
gefühlt zu haben
wollte ich nicht sterben
ohne einmal
schwer daran zu tragen
wollte ich nicht gehen
ohne einmal
dich zu küssen
wollte ich nicht mehr leben
ohne dich
ist alles nichts

Meine Welt
ist nicht zerstört
sie ist erst
durch dein Gefühl erwacht
gebe ich mich ihm hin
entdecke ich mich
von innen nach außen

Schon oft sah ich dich am Klavier
ich phantasierte mich zu dir
spielte auch
auf den Tasten mit dir
das gefiel dir gar nicht
ich lachte
mit meiner Seele
doch du sahst verbittert aus
ich verstand es nicht
du hast es mir nie erklärt
nur fühlte ich die Wahrheit
wäre so schön
fändest du den Mut dazu
es mir auch zu sagen
dann wäre alles gut
für dich
für mich

Frag nicht
nach meinem Herz
es ist allein
hat nichts zu erzählen
liegt am Boden
und weint
Erinnerung schmerzt

Will dich nicht mehr sehen

Erinnerung

noch hell wach

trage noch zu schwer

in meinem Herzen

frage mich

warum

es sind die Nächte

die mich nicht mehr halten

Tage

vergehen einfach so

scheinbar

ohne Sinn

frage mich

warum

Habe noch immer nicht aufgehört
dich zu lieben
hast dich so bemüht
mir klar zu machen
das ich nicht die bin
die dir wichtig ist
doch
was hat es genützt
meine Erinnerung an dich
noch immer hellwach
und ich habe immer noch nicht
aufgehört
dich zu lieben

Weit in der Ferne

sitzt eine Träne

sie wartet auf dich

sie fühlt

meinen Schmerz

bin ich

ohne dich

Bin in deinen Seelenarmen gestorben
und auch wieder geboren
sie hielten mein Herz
in ihren Händen
nach dem du dich sehntest
deine Augen verschlossen
dein Herz entzwei
warum hast du nicht gefragt
was wäre schon dabei
manchmal
war ich dir so nah
dann war es wieder vorbei
bis zum nächsten Mal

Ich weiß

ich tu ihm weh

ich weiß

er wird es nicht verstehen

doch

fühlen kann ich nur bei dir

Du bist noch immer bei mir
deine Nähe
manchmal
dreht sie an mir
und dann suche ich dich
mit all meinen Seelenaugen
spreche mit dir
als wärst du da
manchmal
bist du genervt
doch ich weiß
ich muss es tun

Bei dir fühle ich Heimat
fühle mich zu Haus
fühle mich wohl
wie oft hast du mich belogen
ich glaubte es
ich glaubte es nicht
doch da ist etwas
das ich nicht erklären kann
und ich muss wissen
ob du auch so fühlst
das unbekannte Ziel
genügt dir das

Möchte so gern

dein Herz erweichen

und mich sanft hinein legen

warten

bis du es fühlst

um dann in deine Augen zu sehen

Wem schreibst du
ich erinnere mich
an deine Zeilen
die mich einst erreichten
meine Hoffnung
war so groß
drei Worte zu lesen
doch ich las sie nie
wem schreibst du

Sonnensturm
zündete Gefühle an
Seelen in Liebe
wenn nur der Wind
nicht wäre

Von Marion Jana Goeritz ebenfalls beim Verlag BoD erschienen (BoD Books on Demand, Norderstedt, nähere Informationen finden Sie unter www.BoD.de)

„Liebe für die Seele Band 1"
ISBN 978-3-7357-4045-8

„Liebe für die Seele Band 2"
ISBN 978-3-7357-7734-8

„Seelenweiß"
ISBN 978-3-7347-5769-3

„Seelen essen Liebe gern"
ISBN 978-3-7347-8706-5

„SeelenEngel" ein spiritueller Erfahrungsbericht
ISBN 978-3-7386-2588-2

„SeelenSchlüssel"
ISBH 978-3-7386-3844-8

„Seelenfarben"
ISBN 978-3-7386-3947-6

„Seelenschimmer"
ISBN 978-3-7386-4014-4

„Seelenfinden"
ISBN 978-3-7386-4037-3

„Ein Gefühl meiner Seele"
ISBN 978-3-7386-1506-7

„Seelenfrieden" Danken, Bitten, Entspannung
ein persönlicher Erfahrungsbericht
ISBN: 978-3-7386-4884-3

„Seelenweihnacht"
ISBN: 978-3-7386-5616-9

„Im Land unter dem Regenbogen" Wunderbare
Märchen und unglaubliche Geschichten
ISBN: 978-3-7392-0115-3

„Freddy und seine Geschichten"
ISBN: 978-3-7386-3321-4

„SeelenWorte"
ISBN: 978-3-7392-0455-0

„Herzanker"
ISBN: 978-3-7392-3482-3

„Im Fluss der Liebe"
ISBN: 978-3-7392-3489-2

„Seelenklänge"
ISBN: 978-3-7392-3532-5

„Liebeslied"
ISBN: 978-3-7392-3548-6

„Wahre Traumtänzerin"
ISBN: 978-3-7392-3556-1

„Emilia Sommerfeld"
ISBN: 978-3-7392-3787-9

„Für mich war es Liebe"
ISBN: 978-3-8423-5362-6

„Kaleidoskop"
ISBN: 978-3-8423-5738-9

„Die verzauberte Wiese"
ISBN: 978-3-7412-0772-3

„Seelenbrücke"
ISBN: 978-3-7412-0890-4

„Wetterleuchten"

ISBN: 978-3-7412-2740-0

„Zentrifuge"

ISBN: 978-3-7412-4011-9

Weitere Informationen zu Neuerscheinungen
finden Sie immer auf meiner Seite

www.buchkaleidoskop.Reikipraxis-Goeritz.de